VIE
DE
MOLIERE,
AVEC
DES JUGEMENS
SUR SES
OUVRAGES.

Par Mr. ***DE VOLTAIRE.***

NOUVELLE EDITION,

Où l'on a rétabli, sur le Manuscrit de l'Auteur, les endroits qui ont été retranchés dans l'Édition de Paris.

A AMSTERDAM,
Chez *JEAN CATUFFE.*
MDCCXXXIX.

VIE DE MOLIERE.

Le goût de bien des Lecteurs pour les choses frivoles, & l'envie de faire un volume de ce qui ne devroit remplir que peu de pages, sont cause que l'Histoire des Hommes célèbres est presque toujours gâtée par des détails inutiles, & des contes populaires aussi faux qu'insipides. On y ajoute souvent des critiques injustes de leurs Ouvrages. C'est ce qui est arrivé dans l'Edition de Racine faite à Paris en 1728. On tâchera d'éviter cet écueil dans cette courte Histoire de la Vie de Molière; on ne dira de sa propre personne, que ce qu'on a cru vrai & digne d'être rapporté; & on ne hazardera sur ses Ouvrages rien qui soit contraire aux sentimens du Public éclairé.

Jean-Baptiste Poquelin nâquit à Paris en 1620, dans une maison qui subsiste encore sous les Piliers des Halles. Son père Jean-Baptiste Poquelin, Valet de chambre Tapissier chez le Roi, Marchand Frippier, & Anne Boutet sa mère, lui donnérent une éducation trop conforme à leur état, auquel ils le destinoient : il resta jusqu'à quatorze ans dans leur Boutique, n'aiant rien appris outre son mêtier, qu'un peu à lire & à écrire. Ses parens obtinrent pour lui la survivance de leur Charge chez le Roi; mais son génie l'appelloit ailleurs. On a remarqué que presque tous ceux qui se sont fait un nom dans les Beaux-Arts, les ont cultivés malgré leurs parens, & que la Nature a toujours été en eux plus forte que l'Education.

Poquelin avoit un grand-père qui aimoit la Comédie, & qui le menoit quelquefois à l'Hôtel de Bourgogne. Le jeune-homme sentit bien-tôt une aversion invincible pour sa profession. Son goût pour l'étude se développa, il pressa son grand-père d'obtenir qu'on le mît au College, & il arracha enfin le consentement de son père, qui le mit dans une Pension, & l'envoya Externe aux Jésuites, avec la répugnance d'un Bourgeois, qui croyoit la fortune de son fils perdue, s'il étudioit.

Le jeune Poquelin fit au Collège les progrès qu'on devoit attendre de son empressement à y entrer. Il y étudia cinq années; il y suivit le cours des Classes d'Armand de Bourbon prémier Prince de Conty, qui depuis fut le Protecteur des Lettres & de Molière.

Il y avoit alors dans ce Collège deux enfans, qui eurent depuis beaucoup de réputation dans le monde. C'étoit *Chapelle* & *Bernier*. Celui-ci, connu par ses Voyages aux Indes; & l'autre, célèbre par quelques Vers naturels & aisés, qui lui ont fait d'autant plus de réputation, qu'il ne rechercha pas celle d'Auteur.

L'Huillier, homme de fortune, prenoit un soin singulier de l'éducation du jeune Chapelle son fils naturel; & pour lui donner de l'émulation, il faisoit étudier avec lui le jeune Bernier, dont les parens étoient mal à leur aise. Au-lieu même de donner à son fils naturel un Précepteur ordinaire & pris au hazard, comme tant de pères en usent avec un fils légitime qui doit porter leur nom, il engagea le célèbre Gassendi à se charger de l'instruire.

Gassendi aiant démêlé de bonne heure le génie de Poquelin, l'associa aux études de Chapelle & de Bernier. Jamais plus illustre Maitre n'eut de plus dignes Disciples. Il leur enseigna sa Philosophie d'Epicure, qui, quoiqu'aussi fausse que les autres, avoit au moins plus de méthode & plus de vraisemblance que celle de l'Ecole, & n'en avoit pas la barbarie.

Poquelin continua de s'instruire sous Gassendi. Au sortir du Collège, il reçut de ce Philosophe les principes d'une Morale plus utile que sa Physique, & il s'écarta rarement de ces principes dans le cours de sa vie.

Son père étant devenu infirme & incapable de servir, il fut obligé d'exercer les fonctions de son Emploi auprès du Roi. Il suivit Louis XIII dans Paris. Sa passion pour la Comédie, qui l'avoit déterminé à faire ses études, se réveilla avec force.

Le Théâtre commençoit à fleurir alors: cette partie des Belles-Lettres, si méprisée quand elle est médiocre, contribue à la

gloire

gloire d'un Etat, quand elle eſt perfectionnée.

Avant l'année 1625, il n'y avoit point de Comédiens fixes à Paris. Quelques Farceurs alloient, comme en Italie, de Ville en Ville. Ils jouoient les Pièces de *Hardy*, de *Montcrétien*, ou de *Baltazar Baro* (qui fut depuis de l'Académie Françoiſe.) Ces Auteurs leur vendoient leurs Ouvrages dix écus pièce.

Pierre Corneille tira le Théâtre de la barbarie & de l'aviliſſement, vers l'année 1630. Ses prémières Comédies, qui étoient auſſi bonnes pour ſon ſiècle, qu'elles ſont mauvaiſes pour le nôtre, furent cauſe qu'une Troupe de Comédiens s'établirent à Paris. Bien-tôt après, la paſſion du Cardinal de Richelieu pour les Spectacles mit le goût de la Comédie à la mode; & il y avoit plus de Sociétés particulières qui repréſentoient alors, que nous n'en voyons aujourd'hui.

Poquelin s'aſſocia avec quelques jeunes-gens qui avoient du talent pour la déclamation; ils jouoient au Fauxbourg Saint Germain & au Quartier Saint Paul. Cette Société éclipſa bien-tôt toutes les autres; on l'appella *l'illuſtre Théâtre*. On voit par une Tragédie de ce tems-là, intitulée *Artaxerce*, d'un nommé *Magnon*, & imprimée en 1645, qu'elle fut repréſentée ſur l'illuſtre Théâtre.

Ce fut alors que Poquelin ſentant ſon génie, ſe réſolut de s'y livrer tout entier, d'être à la fois Comédien & Auteur, & de tirer de ſes talens de l'utilité & de la gloire.

On ſait que chez les Athéniens, les Auteurs jouoient ſouvent dans leurs Pièces, & qu'ils n'étoient point deshonorés pour parler avec grace en public devant leurs Concitoyens. Il fut plus encouragé par cette idée, que retenu par les préjugés de ſon ſiècle. Il prit le nom de Molière, & il ne fit en changeant de nom, que ſuivre l'exemple des Comédiens d'Italie, & de ceux de l'Hôtel de Bourgogne. L'un, dont le nom de famille étoit *Le Grand*, s'appelloit *Belleville* dans la Tragédie, & *Turlupin* dans la Farce; d'où vient le mot de *turlupinage*. *Hugues Guéret* étoit connu dans les Pièces ſérieuſes ſous le nom de *Fléchelles*; dans la Farce il jouoit toujours un certain rôle qu'on appelloit *Gautier-Garguille*. De même, *Arlequin* & *Scaramouche* n'étoient connus que ſous ce nom de Théâtre. Il y avoit déja eu un Comédien appellé *Molière*, Auteur de la Tragédie de *Polixène*.

Le nouveau Molière fut ignoré pendant tout le tems que durérent les Guerres civiles en France: il employa ces années à cultiver ſon talent, & à préparer quelques Pièces. Il avoit fait un Recueil de Scènes Italiennes, dont il faiſoit de petites Comédies pour les Provinces. Ces prémiers eſſais très informes tenoient plus du mauvais Théâtre Italien où il les avoit pris, que de ſon génie, qui n'avoit pas eu encore l'occaſion de ſe développer tout entier. Le génie s'étend & ſe reſſerre par tout ce qui nous environne. Il fit donc pour la Province le *Docteur amoureux*, les *trois Docteurs rivaux*, le *Maitre d'Ecole* : Ouvrages dont il ne reſte que le titre. Quelques Curieux ont conſervé deux Pièces de Molière dans ce genre; l'une eſt le *Médecin volant*, & l'autre, la *Jalouſie débarbouillée.* Elles ſont en proſe & écrites en entier. Il y a quelques phraſes & quelques incidens de la prémière, qui nous ſont conſervés dans le *Médecin malgré lui;* & on trouve dans la *Jalouſie débarbouillée* un ca nevas, quoiqu'informe, du troiſième Acte de *George Dandin.*

La prémière Pièce régulière en cinq Actes qu'il compoſa, fut *l'Etourdi*; il repréſenta cette Comédie à Lyon en 1658. Il y avoit dans cette Ville une Troupe de Comédiens de campagne, qui fut abandonnée dès que celle de Molière parut.

Quelques Acteurs de cette ancienne Troupe se joignirent à Molière, & il partit de Lyon pour les Etats de Languedoc, avec une Troupe assez complette, composée principalement de deux frères nommés *Gros-René*, de *Duparc*, d'un Pâtissier de la rue Saint Honoré, de la *Duparc*, de la *Béjart* & de la *De Brie*.

Le Prince de Conty, qui tenoit les Etats de Languedoc à Béziers, se souvint de Molière qu'il avoit vu au Collège; il lui donna une protection distinguée. Il joua devant lui *l'Etourdi*, le *Dépit amoureux*, & les *Prétieuses ridicules*.

Cette petite Pièce des Prétieuses faite en Province, prouve assez que son Auteur n'avoit eu en vue que les ridicules des Provinciales. Mais il se trouva depuis, que l'Ouvrage pouvoit corriger & la Cour & la Ville.

Molière avoit alors trente-quatre ans; c'est l'âge où Corneille fit le Cid. Il est bien difficile de réussir avant cet âge dans le genre dramatique, qui exige la connoissance du monde & du cœur humain.

On prétend que le Prince de Conty voulut alors faire Molière son Secrétaire; & qu'heureureusement pour la gloire du Théâtre François, Molière eut le courage de préférer son talent à un poste honorable. Si ce fait est vrai, il fait également honneur au Prince & au Comédien.

Après avoir couru quelque tems toutes les Provinces, & avoir joué à Grenoble, à Lyon, à Rouen, il vint enfin à Paris en 1658. Le Prince de Conty lui donna accès auprès de Monsieur, Frère unique du Roi Louis XIV. Monsieur le présenta au Roi & à la Reine-Mère. Sa Troupe & lui représentérent la même année devant leurs Majestés la Tragédie de *Nicomède*, sur un Théâtre élevé par ordre du Roi dans la Salle des Gardes du vieux Louvre.

Il y avoit depuis quelque tems des Comédiens établis à l'Hôtel de Bourgogne. Ces Comédiens assistérent au début de la nouvelle Troupe. Molière, après la représentation de Nicomède, s'avança sur le bord du Théâtre, & prit la liberté de faire au Roi un discours, par lequel il remercioit Sa Majesté de son indulgence, & louoit adroitement les Comédiens de l'Hôtel de Bourgogne, dont il devoit craindre la jalousie: il finit en demandant la permission de donner une Pièce d'un Acte, qu'il avoit jouée en Province.

La

La mode de repréſenter ces petites Farces après de grandes Pièces étoit perdue à l'Hôtel de Bourgogne. Le Roi agréa l'offre de Molière, & l'on joua dans l'inſtant le *Docteur amoureux*. Depuis ce tems l'uſage a toujours continué de donner de ces Pièces d'un Acte, ou de trois, après les Pièces de cinq.

On permit à la Troupe de Molière de s'établir à Paris; ils s'y fixérent, & partagérent le Théâtre du Petit Bourbon avec les Comédiens Italiens, qui en étoient en poſſeſſion depuis quelques années.

La Troupe de Molière jouoit ſur le Théâtre les Mardis, les Jeudis & les Samedis, & les Italiens les autres jours.

La Troupe de l'Hôtel de Bourgogne ne jouoit auſſi que trois fois la ſemaine, excepté lorſqu'il y avoit des Pièces nouvelles.

Dès-lors la Troupe de Molière prit le titre de *la Troupe de Monſieur*, qui étoit ſon Protecteur. Deux ans après, en 1660, il leur accorda la Salle du Palais Royal. Le Cardinal de Richelieu l'avoit fait bâtir pour la repréſentation de *Mirame* Tragédie, dans laquelle ce Miniſtre avoit compoſé plus de cinq cens vers. Cette Salle eſt auſſi mal conſtruite que la Pièce pour laquelle elle fut bâtie.

tie. Et je ſuis obligé de remarquer à cette occaſion, que nous n'avons aujourd'hui aucun Théâtre ſupportable; c'eſt une barbarie Gotique, que les Italiens nous reprochent avec raiſon. Les bonnes Pièces ſont en France, & les belles Salles en Italie.

La Troupe de Molière eut la jouïſſance de cette Salle juſqu'à la mort de ſon Chef. Elle fut alors accordée à ceux qui eurent le privilège de l'Opéra, quoique ce vaiſſeau ſoit moins propre encore pour le chant, que pour la déclamation.

Depuis l'an 1658, juſqu'à 1673, c'eſt-à-dire en quinze années de tems, il donna toutes ſes Pièces, qui ſont au nombre de trente. Il voulut jouer dans le Tragique, mais il n'y réuſſit pas; il avoit une volubilité dans la voix, & une eſpèce de hoquet, qui ne pouvoit convenir au genre ſérieux, mais qui rendoit ſon jeu comique plus plaiſant. La femme d'un des meilleurs Comédiens que nous ayons eus, a donné ce portrait-ci de Molière.

„ Il n'étoit ni trop gras, ni trop maigre;
„ il avoit la taille plus grande que petite, le
„ port noble, la jambe belle, il marchoit
„ gravement, avoit l'air très ſérieux, le nez
„ gros,

„ gros, la bouche grande, les lèvres épaiſ-
„ ſes, le teint brun, les ſourcils noirs &
„ forts, & les divers mouvemens qu'il leur
„ donnoit lui rendoient la phyſionomie ex-
„ trêmement comique. A l'égard de ſon ca-
„ ractère, il étoit doux, complaiſant, gé-
„ néreux ; il aimoit fort à haranguer ; &
„ quand il liſoit ſes Pièces aux Comédiens,
„ il vouloit qu'ils y amenaſſent leurs en-
„ fans, pour tirer des conjectures de leur
„ mouvement naturel.

Molière ſe fit dans Paris un très grand nombre de partiſans, & preſque autant d'ennemis. Il accoutuma le Public, en lui faiſant connoitre la bonne Comédie, à le juger lui-même très ſévèrement. Les mêmes Spectateurs qui applaudiſſoient aux Pièces médiocres des autres Auteurs, relevoient les moindres défauts de Molière avec aigreur. Les hommes jugent de nous par l'attente qu'ils en ont conçue; & le moindre défaut d'un Auteur célèbre, joint avec les malignités du Public, ſuffit pour faire tomber un bon Ouvrage. Voilà pourquoi *Britannicus* & les *Plaideurs* de M. Racine furent ſi mal reçus; voilà pourquoi *l'Avare*, le *Miſantrope*, les *Femmes ſavantes*, *l'École des femmes* n'eurent d'abord aucun ſuccès.

Louis

Louis XIV, qui avoit un goût naturel & l'esprit très juste, sans l'avoir cultivé, ramena souvent par son approbation la Cour & la Ville aux Pièces de Molière. Il eût été plus honorable pour la Nation, de n'avoir pas besoin des décisions de son Maitre pour bien juger. Molière eut des ennemis cruels, surtout les mauvais Auteurs du tems, leurs Protecteurs, & leurs cabales : ils suscitérent contre lui les Dévots ; on lui imputa des Livres scandaleux ; on l'accusa d'avoir joué des hommes puissans, tandis qu'il n'avoit joué que les vices en général ; & il eût succombé sous ces accusations, si ce même Roi, qui encouragea & qui soutint Racine & Despréaux, n'eût pas aussi protégé Molière.

Il n'eut à la vérité qu'une pension de mille livres, & sa Troupe n'en eut qu'une de sept. La fortune qu'il fit par le succès de ses Ouvrages, le mit en état de n'avoir rien de plus à souhaiter : ce qu'il retiroit du Théâtre, avec ce qu'il avoit placé, alloit à trente mille livres de rente ; somme qui, en ce temslà, faisoit presque le double de la valeur réelle de pareille somme d'aujourd'hui.

Le crédit qu'il avoit auprès du Roi, paroît assez par le Canonicat qu'il obtint pour

le

le fils de ſon Médecin. Ce Médecin s'appelloit Mauvilain. Tout le monde ſait qu'étant un jour au dîné du Roi: *Vous avez un Médecin*, dit le Roi à Molière; *que vous fait-il?* *Sire*, répondit Molière, *nous cauſons enſemblè, il m'ordonne des remèdes, je ne les fais point, & je guèris.*

Il faiſoit de ſon bien un uſage noble & ſage: il recevoit chez lui des hommes de la meilleure compagnie, les Chapelles, les Jonſacs, les Desbarreaux, &c. qui joignoient la volupté & la philoſophie. Il avoit une maiſon de campagne à Auteuil, où il ſe délaſſoit ſouvent avec eux des fatigues de ſa profeſſion, qui ſont bien plus grandes qu'on ne penſe. Le Maréchal de Vivonne, connu par ſon eſprit, & par ſon amitié pour Deſpréaux, alloit ſouvent chez Molière, & vivoit avec lui comme Lælius avec Térence. Le Grand Condé exigeoit de lui qu'il le vînt voir ſouvent, & diſoit qu'il trouvoit toujours à apprendre dans ſa converſation.

Molière employoit une partie de ſon revenu en libéralités, qui alloient beaucoup plus loin que ce qu'on appelle dans d'autres hommes, des charités. Il encourageoit ſouvent par des préſens conſidérables de jeunes Auteurs

teurs qui marquoient du talent: c'eſt peut-être à Molière que la France doit Racine. Il engagea le jeune Racine, qui ſortoit du Port-Royal, à travailler pour le Théâtre dès l'âge de dix-neuf ans. Il lui fit compoſer la Tragédie de *Théagène & Cariclée*; & quoique cette Pièce fût trop foible pour être jouée, il fit préſent au jeune Auteur de cent louis, & lui donna le plan des *Frères ennemis*.

Il n'eſt peut-être pas inutile de dire, qu'environ dans le même tems, c'eſt-à-dire en 1661, Racine aiant fait une Ode ſur le Mariage de Louis XIV, M. Colbert lui envoya cent louis au nom du Roi.

Il eſt très triſte pour l'honneur des Lettres, que Molière & Racine aient été brouillés depuis; de ſi grands Génies, dont l'un avoit été le Bienfaicteur de l'autre, devoient être toujours amis.

Il éleva & il forma un autre homme, qui par la ſupériorité de ſes talens, & par les dons ſinguliers qu'il avoit reçus de la Nature, mérite d'être connu de la poſtérité. C'étoit le Comédien Baron, qui a été l'unique dans la Tragédie & dans la Comédie. Molière en prit ſoin comme de ſon propre fils.

Un jour Baron vint lui annoncer qu'un Comédien de campagne, que la pauvreté empêchoit de se présenter, lui demandoit quelque léger secours pour aller joindre sa Troupe. Molière aiant su que c'étoit un nommé Mondorge, qui avoit été son camarade, demanda à Baron combien il croyoit qu'il falloit lui donner. Celui-ci répondit au hazard : *Quatre pistoles. Donnez-lui quatre pistoles pour moi*, lui dit Molière ; *en voilà vingt qu'il faut que vous lui donniez pour vous* ; & il joignit à ce présent, celui d'un habit de Théâtre magnifique.

Un autre trait de sa vie mérite encore plus d'être rapporté. Il venoit de donner l'aumône à un Pauvre. Un instant après, le Pauvre court après lui, & lui dit : *Monsieur, vous n'aviez peut-être pas dessein de me donner un louis d'or, je viens vous le rendre. Tien, mon ami*, dit Molière, *en voilà un autre* ; & il s'écria : *Où la vertu va-t-elle se nicher !* Exclamation qui peut faire voir qu'il réfléchissoit sur tout ce qui se présentoit à lui, & qu'il étudioit par-tout la Nature en homme qui la vouloit peindre.

Molière, heureux par ses succès & par ses protecteurs, par ses amis & par sa fortune, ne le fut pas dans sa maison. Il avoit épousé en

1661 une jeune fille, née de la Béjart & d'un Gentilhomme nommé Modène. On disoit que Molière en étoit le père : le soin avec lequel on avoit répandu cette calomnie, fit que plusieurs personnes prirent celui de la réfuter. On prouva, que Molière n'avoit connu la mère qu'après la naissance de cette fille. La disproportion d'âge, & les dangers auxquels une Comédienne jeune & belle est exposée, rendirent ce mariage malheureux ; & Molière, tout Philosophe qu'il étoit d'ailleurs, essuya dans son domestique les dégoûts, les amertumes, & quelquefois les ridicules, qu'il avoit si souvent joués sur le Théâtre. Tant il est vrai que les hommes qui sont au-dessus des autres par les talens, s'en rapprochent presque toujours par les foiblesses. Car pourquoi les talens nous mettroient-ils au-dessus de l'humanité ?

La dernière Pièce qu'il composa fut *le Malade imaginaire.* Il y avoit quelque tems que sa poitrine étoit attaquée, & qu'il crachoit quelquefois du sang. Le jour de la troisième Représentation, il se sentit plus incommodé qu'auparavant : on lui conseilla de ne point jouer ; mais il voulut faire un effort sur lui-même, & cet effort lui coûta la vie.

Il lui prit une convulsion en prononçant *juro*, dans le Divertissement de la Réception du Malade imaginaire. On le rapporta mourant chez lui, rue de Richelieu. Il fut assisté quelques momens par deux de ces Sœurs Religieuses qui viennent quêter à Paris pendant le Carême, & qu'il logeoit chez lui. Il mourut entre leurs bras, étouffé par le sang qui lui sortoit par la bouche, le 17 Février 1673, âgé de cinquante-trois ans. Il ne laissa qu'une Fille, qui avoit beaucoup d'esprit. Sa Veuve épousa le Comédien Guérin.

Le malheur qu'il avoit eu de ne pouvoir mourir avec les secours de la Religion, & la prévention que l'on a contre la Comédie, tout épurée qu'elle étoit par lui, furent cause qu'on refusa de l'enterrer. Le Roi le regrettoit, & ce Monarque, dont il avoit été le Domestique & le Pensionnaire, eut la bonté de prier l'Archevêque de Paris de le faire enterrer dans une Eglise. Le Curé de Saint Eustache, sa Paroisse, ne voulut pas s'en charger. La populace, qui ne connoissoit dans Molière que le Comédien, & qui ignoroit qu'il avoit été un excellent Auteur, un Philosophe, un Grand-Homme en

son

ſon genre, s'attroupa en foule à la porte de ſa maiſon le jour du Convoi: ſa Veuve fut obligée de jetter de l'argent par les fenétres; & ces miſérables qui auroient, ſans ſavoir pourquoi, troublé l'Enterrement, accompagnérent le corps avec reſpect.

La difficulté qu'on fit de lui donnner la ſépulture, & les injuſtices qu'il avoit eſſuyées pendant ſa vie, engagérent le fameux Père Bouhours à compoſer cette eſpèce d'Epitaphe, qui de toutes celles qu'on fit pour Molière eſt la ſeule qui mérite d'être rapportée, & la ſeule qui ne ſoit pas dans cette fauſſe & mauvaiſe Hiſtoire qu'on a miſe juſqu'ici au-devant de ſes Ouvrages.

Tu réformas & la Ville & la Cour;
Mais quelle en fut la récompenſe?
Les François rougiront un jour
De leur peu de reconnoiſſance.
Il leur fallut un Comédien
Qui mît à les polir ſa gloire & ſon étude;
Mais, Molière, à ta gloire il ne manqueroit rien,
Si parmi les défauts que tu peignis ſi bien,
Tu les avois repris de leur ingratitude.

Non-ſeulement j'ai omis dans cette Vie de Molière les Contes populaires touchant Chapelle & ſes amis ; mais je ſuis obligé de dire, que ces Contes adoptés par Grimareſt ſont très faux. Le feu Duc de Sully, le dernier Prince de Vendôme, l'Abbé de Chaulieu, qui avoient beaucoup vécu avec Chapelle, m'ont aſſuré que toutes ces hiſtoriettes ne méritoient aucune créance.

L'E-

L'ETOURDI, OU LES CONTRE-TEMS,

Comédie en vers & en cinq Actes, jouée d'abord à Lyon en 1653, & à Paris au mois de Décembre 1658, sur le Théâtre du Petit Bourbon.

CETTE Pièce est la prémière Comédie que Molière ait donnée au Public: elle est composée de plusieurs petites intrigues assez indépendantes les unes des autres; c'étoit le goût du Théâtre Italien & Espagnol, qui s'étoit introduit à Paris. Les Comédies n'étoient alors que des tissus d'avantures singulières, où l'on n'avoit guères songé à peindre les mœurs. Le Théâtre n'étoit point, comme il le doit être, la représentation de la vie humaine. La coutume humiliante pour l'humanité, que les hommes puissans avoient pour-lors, de tenir des Fous auprès d'eux, avoit infecté le Théâtre; on n'y voyoit que de vils Bouffons, qui étoient les modèles de nos Jodelets; & on ne représentoit que le ridi-

ridicule de ces misérables, au-lieu de jouer celui de leurs Maitres. La bonne Comédie ne pouvoit être connue en France, puisque la Société & la Galanterie, seules sources du bon Comique, ne faisoient que d'y naitre. Ce loisir, où les hommes rendus à eux-mêmes se livrent à leur caractère & à leur ridicule, est le seul tems propre pour la Comédie; car c'est le seul où ceux qui ont le talent de peindre les hommes aient l'occasion de les bien voir, & le seul pendant lequel les Spectacles puissent être fréquentés assiduement. Aussi ce ne fut qu'après avoir bien vu la Cour & Paris, & bien connu les hommes, que Molière les représenta avec des couleurs si vraies & si durables.

Les connoisseurs ont dit, que l'Etourdi devroit seulement être intitulé, *Les Contre-tems*. Lélie, en rendant une bourse qu'il a trouvée, en secourant un homme qu'on attaque, fait des actions de générosité, plutôt que d'étourderie. Son Valet paroît plus étourdi que lui, puisqu'il n'a presque jamais l'attention de l'avertir de ce qu'il veut faire. Le dénouement, qui a trop souvent été l'écueil de Molière, n'est pas meilleur ici que dans ses autres Pièces: cette faute est plus inexcusable dans

une

une Pièce d'intrigue, que dans une Comédie de caractère.

On eſt obligé de dire (& c'eſt principalement aux Etrangers qu'on le dit) que le ſtile de cette Pièce eſt foible & négligé, & que ſur-tout il y a beaucoup de fautes contre la Langue. Non-ſeulement il ſe trouve dans les Ouvrages de cet admirable Auteur, des vices de conſtruction, mais auſſi pluſieurs mots impropres & ſurannés. Trois des plus grands Auteurs du ſiècle de Louis XIV, Molière, La Fontaine & Corneille, ne doivent être lus qu'avec précaution par rapport au langage. Il faut que ceux qui apprennent notre Langue dans les Ecrits de ces Grands Hommes, y diſcernent ces petites fautes, & qu'ils ne les prennent pas pour des autorités.

Au reſte, l'Etourdi eut plus de ſuccès, que le Miſantrope, l'Avare & les Femmes ſavantes, n'en eurent depuis. C'eſt qu'avant l'Etourdi on ne connoiſſoit pas mieux, & que la réputation de Molière ne faiſoit pas encore d'ombrage. Il n'y avoit alors de bonne Comédie au Théâtre François, que *le Menteur*.

LE DEPIT AMOUREUX,

Comédie en vers & en cinq Actes, représentée au Théâtre du Petit Bourbon en 1658.

LE Dépit amoureux fut joué à Paris, immédiatement après l'Etourdi. C'est encore une Pièce d'intrigue, mais d'un autre genre que la précédente. Il n'y a qu'un seul nœud dans le Dépit amoureux. Il est vrai qu'on a trouvé le déguisement d'une fille en garçon peu vraisemblable. Cette intrigue a le défaut d'un Roman, sans en avoir l'intérêt. Et le cinquième Acte employé à débrouiller ce Roman, n'a paru ni vif, ni comique. On a admiré dans le Dépit amoureux la Scène de la brouillerie & du raccommodement d'Eraste & de Lucile. Le succès est toujours assuré, soit en Tragique, soit en Comique, à ces sortes de Scènes qui représentent la passion la plus chère aux hommes dans la circonstance la plus vive. La petite Ode d'Horace,

Donec gratus eram tibi,

a été regardée comme le modéle de ces Scènes, qui sont enfin devenues des lieux-communs.

LES PRETIEUSES RIDICULES,

Comédie en un Acte & en prose, jouée d'abord en Province, & représentée pour la prémière fois à Paris sur le Théâtre du Petit Bourbon, au mois de Novembre 1659.

LORSQUE Molière donna cette Comédie, la fureur du Bel-esprit étoit plus que jamais à la mode. Voiture avoit été le prémier en France qui avoit écrit avec cette galanterie ingénieuse, dans laquelle il est si difficile d'éviter la fadeur & l'affectation. Ses Ouvrages, où il se trouve quelques vraies beautés avec trop de faux-brillans, étoient les seuls modèles; & presque tous ceux qui se piquoient d'esprit, n'imitoient que ses défauts. Les Romans de Mademoiselle Scudéri avoient achevé de gâter le goût: il règnoit dans la plupart des conversations un mélange de galanterie guindée, de sentimens romanesques & d'expressions bizarres, qui composoient un jargon nouveau, inintelligible

ble & admiré. Les Provinces, qui outrent toutes les modes, avoient encore renchéri ſur ce ridicule: les femmes qui ſe piquoient de cette eſpèce de Bel-eſprit, s'appelloient *Prétieuſes*; ce nom, ſi décrié depuis par la Pièce de Molière, étoit alors honorable; & Molière même dit dans ſa Préface, qu'il a beaucoup de reſpect pour *les véritables Prétieuſes*, & qu'il n'a voulu jouer que les fauſſes.

Cette petite Pièce, faite d'abord pour la Province, fut applaudie à Paris, & jouée quatre mois de ſuite. La Troupe de Molière fit doubler pour la prémière fois le prix ordinaire, qui n'étoit alors que dix ſols au Parterre.

Dès la prémière Repréſentation, Ménage, homme célèbre dans ce tems-là, dit au fameux Chapelain: *Nous adorions vous & moi toutes les ſottiſes qui viennent d'être ſi bien critiquées; croyez-moi, il nous faudra bruler ce que nous avons adoré.* Du moins c'eſt ce que l'on trouve dans le *Menagiana*; & il eſt aſſez vraiſemblable que Chapelain, homme alors très eſtimé, & cependant le plus mauvais Poëte qui ait jamais été, parloit lui-même le jargon des Prétieuſes ridicules chez Madame de Longueville, qui préſidoit, à ce que dit le Cardinal de Retz, à ces combats ſpirituels, dans leſquels on étoit parvenu à ne ſe point entendre.

La Pièce eſt ſans intrigue & toute de caractère. Il y a très peu de défauts contre la Langue, parce que lorſqu'on écrit en proſe, on eſt bien plus maitre de ſon ſtile; & parce que Molière aiant à critiquer le langage des Beaux-eſprits du tems, châtia le ſien davantage. Le grand ſuccès de ce petit Ouvrage lui attira des critiques, que *l'Etourdi* & *le Dépit amoureux* n'avoient pas eſſuyées. Un certain Antoine Bodeau fit *les véritables Prétieuſes*; on parodia la Pièce de Molière: mais toutes ces Critiques & ces Parodies ſont tombées dans l'oubli qu'elles méritoient.

On ſait qu'à une Repréſentation des Prétieuſes ridicules, un Vieillard s'écria du milieu du Parterre: *Courage, Molière, voilà la bonne Comédie.*

On eut honte de ce ſtile affecté, contre lequel Molière & Deſpréaux ſe ſont toujours élevés. On commença à ne plus eſtimer que le naturel; & c'eſt peut-être l'époque du bon goût en France.

L'envie de ſe diſtinguer a ramené depuis le ſtile des Prétieuſes, on le retrouve encore

dans

dans plusieurs Livres modernes. L'un *, en traitant sérieusement de nos Loix, appelle un Exploit, *un Compliment timbré*. L'autre †, écrivant à une Maitresse en l'air, lui dit: *Votre nom est écrit en grosses lettres sur mon cœur... Je veux vous faire peindre en Iroquoise, mangeant une demi-douzaine de cœurs par amusement.* Un troisième § appelle un Cadran au Soleil, *un Greffier Solaire*; une grosse Rave, *un Phénomène potager*. Ce stile a reparu sur le Théâtre même, où Molière l'avoit si bien tourné en ridicule. Mais la Nation entière a marqué son bon goût, en méprisant cette affectation dans des Auteurs que d'ailleurs elle estimoit.

* Toureil. † Fontenelle. § La Motte.

LE

LE COCU IMAGINAIRE,

Comédie en un Acte & en vers, représentée à Paris le 28 *Mai* 1660.

LE Cocu imaginaire fut joué quarante fois de suite, quoique dans l'Eté, & pendant que le Mariage du Roi retenoit toute la Cour hors de Paris. C'est une Pièce en un Acte, où il entre un peu de caractère, & dont l'intrigue est comique par elle-même. On voit que Molière perfectionna beaucoup sa manière d'écrire, par son séjour à Paris. Le stile du Cocu imaginaire l'emporte beaucoup sur celui de ses prémières Pièces en vers, on y trouve bien moins de fautes de langage. Il est vrai qu'il y a quelques grossièretés:

„ La Bière est un séjour par trop mélancolique,
„ Et trop mal-sain pour ceux qui craignent la colique.

Il y a des expressions qui ont vieilli. Il y a aussi

auſſi des termes qu'une délicateſſe peut-être outrée a bannis aujourd'hui du Théâtre, comme *carogne*, *cocu*, &c.

Le dénouement que fait Villebrequin, eſt un des moins bien ménagés & des moins heureux de Molière. Cette Pièce eut le ſort des bons Ouvrages, qui ont & de mauvais Cenſeurs & de mauvais Copiſtes. Un nommé Donneau fit jouer à l'Hôtel de Bourgogne *La Cocue imaginaire*, à la fin de 1661.

DON

DON GARCIE DE NAVARRE, OU LE PRINCE JALOUX,

Comédie héroïque en vers & en cinq Actes, représentée pour la prémière fois le 4 Février 1661.

MOLIERE joua le rôle de Don Garcie, & ce fut par cette Pièce qu'il apprit qu'il n'avoit point de talent pour le sérieux, comme Acteur. La Pièce & le jeu de Molière furent très mal reçus. Cette Pièce, imitée de l'Espagnol, n'a jamais été rejouée depuis sa chute. La réputation naissante de Molière souffrit beaucoup de cette disgrace, & ses ennemis triomphérent quelque tems. Don Garcie ne fut imprimé qu'après la mort de l'Auteur.

L'ECOLE DES MARIS,

Comedie en vers & en trois Actes, représentée à Paris le 24 Juin 1661.

IL y a grande apparence que Molière avoit au moins les canevas de ces prémières Pièces déja préparés, pusqu'elles se succédérent en si peu de tems.

L'Ecole des Maris affermit pour jamais la réputation de Molière. C'est une Pièce de caractère & d'intrigue. Quand il n'auroit fait que ce seul Ouvrage, il eût pu passer pour un excellent Auteur comique.

On a dit que l'Ecole des Maris étoit une copie des Adelphes de Térence: si cela étoit, Molière eût plus mérité l'éloge d'avoir fait passer en France le bon goût de l'ancienne Rome, que le reproche d'avoir dérobé sa Pièce. Mais les Adelphes ont fourni tout au plus l'idée de l'Ecole des Maris. Il y a dans les Adelphes deux Vieillards de différentes humeurs, qui donnent chacun une éducaducation différente aux enfans qu'ils élèvent; il y a de même dans l'Ecole des Maris deux Tuteurs, dont l'un eſt ſévère, & l'autre indulgent: voilà toute la reſſemblance. Il n'y a preſque point d'intrigue dans les Adelphes; celle de l'Ecole des Maris eſt fine, intéreſſante & comique. Une des femmes de la Pièce de Térence, qui devroit faire le perſonnage le plus intéreſſant, ne paroît ſur le Théâtre que pour accoucher. L'Iſabelle de Molière occupe preſque toujours la Scène avec eſprit & avec grace, & mêle quelquefois de la bienſéance, même dans les tours qu'elle joue à ſon Tuteur. Le dénouement des Adelphes n'a nulle vraiſemblance; il n'eſt point dans la nature, qu'un Vieillard qui a été ſoixante ans chagrin, ſévère & avare, devienne tout-à-coup gai, complaiſant & libéral. Le dénouement de l'Ecole des Maris eſt le meilleur de toutes les Pièces de Molière. Il eſt vraiſemblable, naturel, tiré du fond de l'intrigue, &, ce qui vaut bien autant, il eſt extrêmement comique. Le ſtile de Térence eſt pur, ſententieux, mais un peu froid; comme Céſar, qui excelloit en tout, le lui a reproché. Celui de Molière dans cette Pièce eſt plus châtié que dans les autres. L'Auteur François égale presque la pureté de la diction de Térence, & le passe de bien loin dans l'intrigue, dans le caractère, dans le dénouement, dans la plaisanterie.

LES

LES FACHEUX,

Comédie en vers & en trois Actes, représentée à Vaux devant le Roi, au mois d'Août, & à Paris sur le Théâtre du Palais Royal, le 4 Novembre de la même année 1661.

NICOLAS FOUQUET, dernier Sur-Intendant des Finances, engagea Molière à composer cette Comédie pour la fameuse Fête qu'il donna au Roi & à la Reine-Mère, dans sa Maison de Vaux, aujourd'hui appellée Villars. Molière n'eut que quinze jours pour se préparer. Il avoit déja quelques Scènes détachées toutes prêtes; il y en ajouta de nouvelles, & en composa cette Comédie, qui fut, comme il le dit dans la Préface, faite, apprise & représentée en moins de quinze jours. Il n'est pas vrai, comme le prétend un certain Grimarest Auteur d'une Vie de Molière, que le Roi lui eût alors fourni lui-même le caractère du Chasseur. Molière n'avoit point encore auprès du Roi un accès assez libre: de plus, ce n'étoit pas ce Prince qui donnoit la Fête, c'étoit Fouquet;

quet; & il falloit ménager au Roi le plaisir de la surprise. Cette Pièce fit au Roi un plaisir extrême, quoique les Ballets des Intermèdes fussent mal inventés & mal exécutés. Paul Pélisson, homme célèbre dans les Lettres, composa le Prologue en vers à la louange du Roi. Ce Prologue fut très applaudi de toute la Cour, & plut beaucoup à Louis XIV. Mais celui qui donna la Fête, & l'Auteur du Prologue, furent tous deux mis en prison peu de tems après. On les vouloit même arrêter au milieu de la Fête. Triste exemple de l'instabilité des fortunes de Cour.

Les Fâcheux ne sont pas le prémier Ouvrage en Scènes absolument détachées, qu'on ait vu sur notre Théâtre. Les *Visionnaires* de Desmarets étoient dans ce goût, & avoient eu un succès si prodigieux, que tous les Beaux-esprits du tems de Desmarets l'appelloient l'*Inimitable Comédie*. Le goût du Public s'est tellement perfectionné depuis, que cette Comédie ne paroît aujourd'hui inimitable que par son extrême impertinence. Sa vieille réputation fit que les Comédiens osérent la jouer en 1719, mais ils ne purent jamais l'achever. Il ne faut pas craindre que les Fâcheux tombent dans le même décri.

On

On ignoroit le Théâtre, du tems de Desmarets. Les Auteurs étoient outrés en tout, parce qu'ils ne connoissoient point la nature. Ils peignoient au hazard des caractères chimériques. Le faux, le bas, le gigantesque, dominoient par-tout. Molière fut le prémier qui fit sentir le vrai, & par conséquent le beau. Cette Pièce le fit connoitre plus particulièrement de la Cour & du Maitre; & lorsque, quelque tems après, Molière donna cette Pièce à Saint Germain, le Roi lui ordonna d'y ajouter la Scène du Chasseur. On prétend que ce Chasseur étoit le Comte de Soyecourt. Molière, qui n'entendoit rien au jargon de la Chasse, pria le Comte de Soyecourt lui-même, de lui indiquer les termes dont il devoit se servir.

L'ECOLE DES FEMMES,

Comédie en vers & en cinq Actes, représentée à Paris sur le Théâtre du Palais Royal, le 26 Décembre 1662.

LE Théâtre de Molière, qui avoit donné naissance à la bonne Comédie, fut abandonné la moitié de l'année 1661, & toute l'année 1662, pour certaines Farces moitié Italiennes moitié Françoises, qui furent alors accréditées par le retour d'un fameux Pantomime Italien, connu sous le nom de Scaramouche. Les mêmes Spectateurs qui applaudissoient sans réserve à ces Farces monstrueuses, se rendirent difficiles pour l'Ecole des Femmes, Pièce d'un genre tout nouveau, laquelle, quoique toute en récits, est ménagée avec tant d'art, que tout paroît être en action.

Elle fut très suivie & très critiquée, comme le dit la Gazette de Loret:

Piè-

Pièce qu'en plusieurs lieux on fronde,
Mais où pourtant va tant de monde,
Que jamais sujet important
Pour le voir n'en attira tant.

Elle passe pour être inférieure en tout à l'Ecole des Maris, & sur-tout dans le dénouement, qui est aussi *postiche* dans l'Ecole des Femmes, qu'il est bien amené dans l'Ecole des Maris. On se révolta généralement contre quelques expressions qui paroissent indignes de Molière; on desapprouva *le Corbillon*, *la Tarte à la crême*, *les Enfans faits par l'oreille.* Mais aussi les connoisseurs admirérent avec quelle adresse Molière avoit su attacher & plaire pendant cinq Actes, par la seule confidence d'Horace au Vieillard, & par de simples récits. Il sembloit qu'un sujet ainsi traité ne dût fournir qu'un Acte. Mais c'est le caractère du vrai génie, de répandre sa fécondité sur un sujet stérile, & de varier ce qui semble uniforme. On peut dire en passant, que c'est-là le grand art des Tragédies de Racine.

LA CRITIQUE
DE
L'ECOLE DES FEMMES,

Petite Pièce en un Acte & en prose, représentée à Paris sur le Théâtre du Palais Royal, le prémier Juin 1663.

C'EST le prémier Ouvrage de ce genre qu'on connoisse au Théâtre. C'est proprement un Dialogue, & non une Comédie. Molière y fait plus la satire de ses Censeurs, qu'il ne défend les endroits foibles de l'Ecole des Femmes. On convient qu'il avoit tort de vouloir justifier *la Tarte à la crême*, & quelques autres bassesses de stile qui lui étoient échappées; mais que ses ennemis avoient plus grand tort de saisir ces petits défauts pour condamner un bon Ouvrage.

Boursault crut se reconnoitre dans le portrait de Lisidas. Pour s'en venger, il fit jouer à l'Hôtel de Bourgogne une petite Pièce dans le goût de la Critique de l'Ecole des Femmes, intitulée : *Le Portrait du Peintre, ou la Contre-critique.*

L'IM-

L'IMPROMPTU DE VERSAILLES,

Petite Pièce en un Acte & en prose, représentée à Versailles le 14 Octobre 1663, & à Paris le 4 Novembre de la même année.

MOLIERE fit ce petit Ouvrage en partie pour se justifier devant le Roi de plusieurs calomnies, & en partie pour répondre à la Pièce de Boursault. C'est une Satire cruelle & outrée. Boursault y est nommé par son nom. La licence de l'ancienne Comédie Grecque n'alloit pas plus loin. Il eût été de la bienséance & de l'honnêteté publique, de supprimer la Satire de Boursault & celle de Molière. Il est honteux que les hommes de génie & de talent s'exposent par cette petite guerre à être la risée des sots. Molière sentit d'ailleurs la foiblesse de cette petite Comédie, & ne la fit point imprimer.

LA PRINCESSE D'ELIDE,

OU

LES PLAISIRS

DE L'ILE ENCHANTÉE,

Représentée le 7 Mai 1664, à Versailles, à la grande Fête que le Roi donna aux Reines.

LEs Fêtes que Louis XIV donna dans sa jeunesse, méritent d'entrer dans l'Histoire de ce Monarque, non-seulement par les magnificences singulières, mais encore par le bonheur qu'il eut d'avoir des hommes célèbres en tous genres, qui contribuoient en même tems à ses plaisirs, à la politesse, & à la gloire de la Nation. Ce fut à cette Fête, connue sous le nom de l'*Ile enchantée*, que Molière fit jouer la Princesse d'Elide, Comédie-Ballet en cinq Actes. Il n'y a que le prémier Acte & la prémière Scène du second, qui soient en vers: Molière, pressé par le tems, écrivit le reste en prose. Cette Pièce réussit beaucoup dans une Cour qui ne respi-

respiroit que la joie, & qui au milieu de tant de plaisirs, ne pouvoit critiquer avec sévérité un Ouvrage fait à la hâte pour embellir la Fête.

On a depuis représenté la Princesse d'Elide à Paris; mais elle ne put avoir le même succès, dépouillée de tous ses ornemens & des circonstances heureuses qui l'avoient soutenue. On joua la même année la Comédie de *la Mère Coquette*, du célèbre Quinault; c'étoit presque la seule bonne Comédie qu'on eût vu en France, hors les Pièces de Molière, & elle dut lui donner de l'émulation. Rarement les Ouvrages faits pour des Fêtes réussissent-ils au Théâtre de Paris. Ceux à qui la Fête est donnée, sont toujours indulgens; mais le Public libre est toujours sévère. Le genre sérieux & galant n'étoit pas le génie de Molière; & cette espèce de Poëme n'aiant ni le plaisant de la Comédie, ni les grandes passions de la Tragédie, tombe presque toujours dans l'insipidité.

LE MARIAGE FORCÉ,

Petite Pièce en prose & en un Acte, représentée au Louvre le 24 Janvier 1664, & au Théâtre du Palais Royal le 15 Décembre de la même année.

C'Est une de ces petites Farces de Molière, qu'il prit l'habitude de faire jouer après les Pièces en cinq Actes. Il y a dans celle-ci quelques Scènes tirées du Théâtre Italien. On y remarque plus de bouffonnerie, que d'art & d'agrément. Elle fut accompagnée au Louvre d'un petit Ballet, où Louis XIV dansa.

L'AMOUR MEDECIN,

Petite Comédie en un Acte & en prose, représentée à Versailles le 15 Septembre 1665, & sur le Théâtre du Palais Royal le 22 du même mois.

L'Amour Médecin est un impromptu, fait pour le Roi en cinq jours de tems: cependant cette petite Pièce est d'un meilleur comique que le Mariage forcé. Elle fut accompagnée d'un Prologue en Musique, qui est l'une des prémières compositions de Lully.

C'est le prémier Ouvrage dans lequel Molière ait joué les Médecins. Ils étoient fort différens de ceux d'aujourd'hui; ils alloient presque toujours en robe & en rabat, & consultoient en Latin.

Si les Médecins de notre tems ne connoissent pas mieux la Nature, ils connoissent mieux le monde, & savent que le grand art d'un Médecin est l'art de plaire. Molière peut avoir contribué à leur ôter leur pédanteterie; mais les mœurs du siècle, qui ont changé en tout, y ont contribué davantage. L'esprit de Raison s'est introduit dans toutes les Sciences, & la politesse dans toutes les conditions.

DON

DON JUAN,

OU

LE FESTIN DE PIERRE,

Comédie en prose & en cinq Actes, représentée sur le Théâtre du Palais Royal le 15 Février 1665.

L'Original de la Comédie bizarre du *Festin de Pierre*, est de *Triso de Molina*, Auteur Espagnol. Il est intitulé: *Les Combidado di Piédra, le Convié de Pierre.* Il fut joué ensuite en Italie, sous le titre de *Convitato di Piétra.* La Troupe des Comédiens Italiens le joua à Paris, & on l'appella le Festin de Pierre. Il eut un grand succès sur ce Théâtre irrégulier; l'on ne se révolta point contre le monstrueux assemblage de bouffonnerie & de Religion, de plaisanterie & d'horreur, ni contre les prodiges extravagans qui font le sujet de cette Pièce; une statue qui marche & qui parle, & les flammes de l'Enfer qui engloutissent un impie sur le Théâtre d'Arlequin, ne soulevérent point les esprits:

ſoit qu'en effet il y ait dans cette Pièce quelque intérêt, ſoit que le jeu des Comédiens l'embellît; ſoit plutôt que le peuple, à qui le Feſtin de Pierre plait beaucoup plus qu'aux honnêtes-gens, aime cette eſpèce de merveilleux.

Villiers, Comédien de l'Hôtel de Bourgogne, mit le Feſtin de Pierre en vers, & il eut quelque ſuccès à ce Théâtre. Molière voulut auſſi traiter ce bizarre ſujet. L'empreſſement d'enlever des Spectateurs à l'Hôtel de Bourgogne, fit qu'il ſe contenta de donner en proſe ſa Comédie : c'étoit une nouveauté inouïe alors, qu'une Pièce de cinq Actes en proſe. On voit par-là combien l'habitude a de puiſſance ſur les hommes, & comme elle forme les différens goûts des Nations. Il y a des pays où l'on n'a pas l'idée qu'une Comédie puiſſe réuſſir en vers; les François au contraire ne croyoient pas qu'on pût ſupporter une longue Comédie qui ne fût pas rimée. Ce préjugé fit donner la préférence à la Pièce de Villiers ſur celle de Molière, & ce préjugé a duré ſi longtems, que Thomas Corneille en 1673, immédiatement après la mort de Molière, mit ſon Feſtin de Pierre en vers: il eut alors un grand ſuccès

ſur

ſur le Théâtre de la rue Guénegaud, & c'eſt de cette ſeule manière qu'on le repréſente aujourd'hui.

A la prémière Repréſentation du Feſtin de Pierre de Molière, il y avoit une Scène entre Don Juan & un Pauvre. Don Juan demandoit a ce Pauvre, à quoi il paſſoit ſa vie dans la forêt. *A prier Dieu*, répondoit le Pauvre, *pour des honnêtes-gens qui me donnent l'aumône. Tu paſſes ta vie à prier Dieu?* diſoit Don Juan: *Si cela eſt, tu dois donc être fort à ton aiſe. Hélas! Monſieur, je n'ai pas ſouvent dequoi manger. Cela ne ſe peut pas*, repliquoit Don Juan; *Dieu ne ſauroit laiſſer mourir de faim ceux qui le prient du ſoir au matin. Tien, voilà un Louis d'or; mais je te le donne pour l'amour de l'humanité.*

Cette Scène, convenable au caractère impie de Don Juan, mais dont les eſprits foibles pouvoient faire un mauvais uſage, fut ſupprimée à la ſeconde Repréſentation, & fut peut-être cauſe de ſa chute.

Celui qui écrit ceci, a vu la Scène écrite de la main de Molière, entre les mains du fils de Pierre Marcaſſus, ami de l'Auteur.

LE
MISANTROPE,

Comédie en vers & en cinq Actes, représentée sur le Théâtre du Palais Royal le 4 Juin 1666.

L'EUROPE regarde cet Ouvrage comme le chef-d'œuvre du haut Comique ; le sujet du Misantrope a réussi chez toutes les Nations longtems avant Molière, & après lui. En effet, il y a peu de choses plus attachantes qu'un homme qui hait le genre-humain dont il a éprouvé les noirceurs, & qui est entouré de flatteurs dont la complaisance servile fait un contraste avec son inflexibilité. Cette façon de traiter le Misantrope est la plus commune, la plus naturelle & la plus susceptible du genre comique. Celle dont Molière l'a traité est bien plus délicate, & fournissant bien moins, exigeoit beaucoup d'art. Il s'est fait à lui-même un sujet stérile, privé d'action, vuide d'intérêt : son Misantrope hait les hommes, encore plus par humeur, que par raison : il n'y a d'intrigue dans la Pièce, que ce qu'il en faut pour faire sortir les ca-

caractères, mais peut-être pas assez pour attacher; en récompense, tous ces caractères ont une force, une vérité & une finesse, que jamais Auteur comique n'a connues comme lui.

Molière est le prémier qui ait su tourner en Scènes ces conversations du monde, & & y mêler des portraits. Le Misantrope en est plein, c'est une peinture continuelle; mais une peinture de ces ridicules, que les yeux vulgaires n'apperçoivent pas. Il est inutile d'examiner ici en détail les beautés de ce chef-d'œuvre de l'esprit, & de montrer avec quel art un homme qui pousse la vertu jusqu'au ridicule, est si rempli de foiblesses pour une coquette, de remarquer la conversation & le contraste charmant d'une prude avec cette coquette outrée. Quiconque lit, doit sentir ces beautés, lesquelles même, toutes grandes qu'elles sont, ne seroient rien sans le stile. La Pièce est d'un bout à l'autre à peu près dans le stile des Satires de Despréaux, & c'est de toutes les Pièces de Molière la plus fortement écrite.

Elle eut à la prémière Représentation les applaudissemens qu'elle méritoit. Mais c'étoit un Ouvrage plus fait pour les gens d'esprit, que pour la multitude, & plus propre encore à être lu, qu'à être joué. Le Théâtre fut desert dès le troisième jour. Depuis, lorsque le fameux Acteur Baron étant remonté sur le Théâtre, après trente ans d'absence, joua le Misantrope, la Pièce n'attira pas un grand concours; ce qui confirma l'opinion où l'on étoit, que cette Pièce seroit plus admirée que suivie. Ce peu d'empressement qu'on a d'un côté pour le Misantrope, & de l'autre la juste admiration qu'on a pour lui, prouve peut-être plus qu'on ne pense, que le Public n'est point injuste. Il court en foule à des Comédies gaies & amusantes, mais qu'il n'estime guères, & ce qu'il admire n'est pas toujours réjouïssant. Il en est des Comédies comme des Jeux: il y en a que tout le monde joue, il y en a qui ne sont faits que pour les esprits plus fins & plus appliqués.

Si on osoit encore chercher dans le cœur humain la raison de cette tiédeur du Public aux Représentations du Misantrope, peut-être les trouveroit-on dans l'intrigue de la Pièce, dont les beautés ingénieuses & fines ne sont pas également vives & intéressantes; dans ces conversations même, qui sont des morceaux inimitables, mais qui n'étant pas toujours

jours néceſſaires à la Pièce, peut-être refroidiſſent un peu l'action, pendant qu'elles font admirer l'Auteur; enfin dans le dénouement, qui, tout bien amené & tout ſage qu'il eſt, ſemble être attendu du Public ſans inquiétude, & qui venant après une intrigue peu attachante, ne peut avoir rien de piquant. En effet, le Spectateur ne ſouhaite point que le Miſantrope épouſe la coquette Célimène, & ne s'inquiète pas beaucoup s'il ſe détachera d'elle. Enfin on prendroit la liberté de dire, que le Miſantrope eſt une Satire plus ſage & plus fine que celles d'Horace & de Boileau, & pour le moins auſſi bien écrite; mais qu'il y a des Comédies plus intéreſſantes; & que le Tartuffe, par exemple, réunit les beautés du ſtile du Miſantrope, avec un intérêt plus marqué.

On ſait que les ennemis de Molière voulurent perſuader au Duc de Montauſier, fameux par ſa vertu ſauvage, que c'étoit lui que Molière jouoit dans le Miſantrope. Le Duc de Montauſier alla voir la Pièce, & dit en ſortant, qu'il auroit bien voulu reſſembler au Miſantrope de Molière.

LE MEDECIN MALGRÉ LUI,

Comédie en trois Actes & en prose, représentée sur le Théâtre du Palais Royal, le 9 Août 1666.

MOLIERE aiant suspendu son chef-d'œuvre du Misantrope, le rendit quelque tems après au Public, accompagné du Médecin malgré lui, Farce très gaie & très bouffonne, & dont le peuple grossier avoit besoin; à peu près comme à l'Opéra, après une Musique noble & savante, on entend avec plaisir ces petits Airs qui ont par eux-mêmes peu de mérite, mais que tout le monde retient aisément. Ces gentillesses frivoles servent à faire goûter les beautés sérieuses.

Le Médecin malgré lui soutint le Misantrope: c'est peut-être à la honte de la Nature humaine, mais c'est ainsi qu'elle est faite; on va plus à la Comédie pour rire, que pour être instruit. Le Misantrope étoit l'ouvrage d'un Sage

Sage qui écrivoit pour les hommes éclairés; & il fallut que le Sage se déguisât en Farceur pour plaire à la multitude.

LE SICILIEN, OU L'AMOUR PEINTRE,

Comédie en prose & en un Acte, représentée à Saint Germain en Laye en 1667, & sur le Théâtre du Palais Royal le 10 Juin de la même année.

C'EST la seule petite Pièce en un Acte, où il y ait de la grace & de la galanterie. Les autres petites Pièces que Molière ne donnoit que comme des Farces, ont d'ordinaire un fonds plus bouffon & moins agréable.

MELICERTE,

PASTORALE HEROÏQUE,

Représentée à Saint Germain en Laye pour le Roi au Ballet des Muses, en Décembre 1666.

MOLIERE n'a jamais fait que deux Actes de cette Comédie; le Roi se contenta de ces deux Actes dans la Fête du Ballet des Muses. Le Public n'a point regretté que l'Auteur ait négligé de finir cet Ouvrage: il est dans un genre qui n'étoit point celui de Molière, quelque peine qu'il y eût prise. Les plus grands efforts d'un homme d'esprit ne remplacent jamais le génie.

AMPHITRION,

Comédie en vers & en trois Actes, représentée sur le Théâtre du Palais Royal le 13 Janvier 1668.

EURIPIDE & Archippus avoient traité ce sujet de Tragicomédie chez les Grecs; c'est une des Pièces de Plaute qui a eu le plus de succès; on la jouoit encore à Rome cinq cens ans après lui; &, ce qui peut paroître singulier, c'est qu'on la jouoit toujours dans des Fêtes consacrées à Jupiter. Il n'y a que ceux qui ne savent point combien les hommes agissent peu conséquemment, qui puissent être surpris qu'on se moquât publiquement au Théâtre, des mêmes Dieux qu'on adoroit dans les Temples.

Molière a tout pris de Plaute, hors les Scènes de Sosie & de Cleantis. Ceux qui ont dit qu'il a imité son Prologue de Lucien, ne savent pas la différence qui est entre une imitation, & la ressemblance très éloignée de l'excellent Dialogue de la Nuit & de Mercure dans Molière, avec le petit Dialogue de Mercure

cure & d'Apollon dans Lucien : il n'y a pas une plaiſanterie, pas un ſeul mot, que Molière doive à cet Auteur Grec.

Tous les Lecteurs exemts de préjugés ſavent combien l'Amphitrion François eſt au-deſſus de l'Amphitrion Latin. On ne peut pas dire des plaiſanteries de Molière, ce qu'Horace dit de celles de Plaute :

„ Noſtri proavi Plautinos & numeros &
„ Laudavere ſales, nimium patienter utrumque.

Dans Plaute, Mercure dit à Soſie : *Tu viens avec des fourberies couſues.* Soſie répond : *Je viens avec des habits couſus. Tu as menti*, replique le Dieu, *tu viens avec tes pieds, & non avec tes habits.* Ce n'eſt pas-là le comique de notre Théâtre. Autant Molière paroît ſurpaſſer Plaute dans cette eſpèce de plaiſanterie que les Romains nommoient Urbanité, autant paroît-il auſſi l'emporter dans l'économie de ſa Pièce. Quand il falloit chez les Anciens apprendre au Spectateur quelque événement, un Acteur venoit ſans façon le conter dans un monologue ; ainſi Amphitrion & Mercure viennent ſeuls ſur la Scène dire

tout

tout ce qu'ils ont fait, pendant les Entre-actes. Il n'y avoit pas plus d'art dans les Tragédies. Cela seul fait peut-être voir que le Théâtre des Anciens, (d'ailleurs à jamais respectable) est par rapport au nôtre, ce que l'Enfance est à l'Age mûr.

Madame Dacier, qui a fait honneur à son sexe par son érudition, & qui lui en eût fait davantage, si avec la science des Commentateurs, elle n'en eût pas eu l'esprit, fit une Dissertation pour prouver que l'Amphitrion de Plaute étoit fort au-dessus du moderne; mais aiant ouï dire que Molière vouloit faire une Comédie des *Femmes savantes*, elle supprima sa Dissertation.

L'Amphitrion de Molière réussit pleinement & sans contradiction; aussi est-ce une Pièce pour plaire aux plus simples & aux plus grossiers, comme aux plus délicats. C'est la prémière Comédie que Molière ait écrite en vers libres. On prétendit alors que ce genre de versification étoit plus propre à la Comédie que les rimes plattes, en ce qu'il y a plus de liberté & plus de variété. Cependant les rimes plattes en vers Alexandrins ont prévalu. Les vers libres sont d'autant plus mal-aisés à faire, qu'ils semblent plus faciles. Il y a un rithme

rithme très peu connu qu'il y faut obſerver, ſans quoi cette Poëſie rebute. Corneille ne connut pas ce rithme dans ſon Agéſilas.

L'AVARE,

Comédie en prose & en cinq Actes, représentée à Paris sur le Théâtre du Palais Royal le 9 Septembre 1668.

CETTE excellente Comédie avoit été donnée au Public en 1667 : mais le même préjugé qui fit tomber le Festin de Pierre parce qu'il étoit en prose, avoit fait tomber l'Avare. Molière, pour ne point heurter de front le sentiment des Critiques, & sachant qu'il faut ménager les hommes quand ils ont tort, donna au Public le tems de revenir, & ne rejoua l'Avare qu'un an après : le Public, qui à la longue se rend toujours au bon, donna à cet Ouvrage les applaudissemens qu'il mérite. On comprit alors qu'il peut y avoir de fort bonnes Comédies en prose, & qu'il y a peut-être plus de difficulté à réussir dans ce stile ordinaire où l'esprit seul soutient l'Auteur, que dans la versification, qui par la rime, la cadence & la mesure, prête des ornemens à des idées simples, que la prose n'embelliroit pas.

Il y a dans l'Avare quelques idées prises de Plaute, & embellies par Molière. Plaute avoit imaginé le prémier, de faire en même tems voler la cassette de l'Avare & séduire sa fille; c'est de lui qu'est toute l'invention de la Scène du jeune-homme qui vient avouer le rapt, & que l'Avare prend pour le voleur. Mais on ose dire que Plaute n'a point assez profité de cette situation, il ne l'a inventée que pour la manquer; que l'on en juge par ce trait seul: l'Amant de la fille ne paroît que dans cette Scène, il vient sans être annoncé ni préparé, & la fille elle-même n'y paroît point du tout.

Tout le reste de la Pièce est de Molière, caractères, intrigues, plaisanteries; il n'en a imité que quelques lignes, comme cet endroit où l'Avare parlant (peut-être mal-à-propos) aux Spectateurs, dit: *Mon voleur n'est-il point parmi vous? Ils me regardent tous, & se mettent à rire. (Quid est quod ridetis? Novi omnes, scio fures hic esse complures.)* Et cet autre endroit encore, où aiant examiné les mains du valet qu'il soupçonne, il demande à voir la troisième, *Ostende tertiam*?

Mais si l'on veut connoitre la différence du stile de Plaute & du stile de Molière, qu'on voie les portraits que chacun fait de son Avare. Plaute dit:

> Clamat suam rem periisse, seque,
> De suo tigillo fumus si qua exit foras.
> Quin, cum it dormitum, follem obstringit ob gulam,
> Ne quid animæ forte amittat dormiens;
> Etiamne obturat inferiorem gutturem? &c.

Il crie qu'il est perdu, qu'il est abîmé, si la fumée de son feu va hors de sa maison. Il se met une vessie à la bouche pendant la nuit, de peur de perdre son souffle. Se bouche-t-il aussi la bouche d'en-bas?

Cependant ces comparaisons de Plaute avec Molière, toutes à l'avantage du dernier, n'empêchent pas qu'on ne doive estimer ce Comique Latin, qui n'aiant pas la pureté de Térence, avoit d'ailleurs tant d'autres talens, & qui, quoiqu'inférieur à Molière, a été pour la variété de ses caractères & de ses intrigues, ce que Rome a eu de meilleur. On trouve aussi à la vérité dans l'Avare de Molière quelques expressions grossières, comme, *Je sai l'art de traire les hommes;* & quelques mauvaises plaisanteries, comme, *Je marierois, si je l'a-*

l'avois entrepris, le Grand-Turc & la République de Venise.

Cette Comédie a été traduite en plusieurs Langues, & jouée sur plus d'un Théâtre d'Italie & d'Angleterre, de même que les autres Pièces de Molière; mais les Pièces traduites ne peuvent réussir que par l'habileté du Traducteur. Un Poëte Anglois nommé *Shadwell*, aussi vain que mauvais Poëte, la donna en Anglois du vivant de Molière. Cet homme dit dans sa Préface: *Je crois pouvoir dire sans vanité, que Molière n'a rien perdu entre mes mains. Jamais Pièce Françoise n'a été maniée par un de nos Poëtes, quelque méchant qu'il fût, qu'elle n'ait été rendue meilleure. Ce n'est ni faute d'invention, ni faute d'esprit, que nous empruntons des François; mais c'est par paresse: c'est aussi par paresse que je me suis servi de l'Avare de Molière.*

On peut juger qu'un homme qui n'a pas assez d'esprit pour mieux cacher sa vanité, n'en a pas assez pour faire mieux que Molière. La Pièce de Shadwell est généralement méprisée. M. *Fielding*, meilleur Poëte & plus modeste, a traduit l'Avare, & l'a fait jouer à Londres en 1733. Il y a ajouté réellement quelques beautés de Dialogue particulières à ſa Nation, & ſa Pièce a eu près de trente Repréſentations; ſuccès très rare à Londres, où les Pièces qui ont le plus de cours, ne ſont jouées tout au plus que quinze fois.

GEORGE DANDIN,

OU

LE MARI CONFONDU,

Comédie en prose, & en trois Actes, représentée à Versailles le 15 *de Juillet* 1668, & *à Paris le* 9 *de Novembre* 1668.

ON ne connoit, & on ne joue cette Pièce que sous le nom de *George Dandin*; & au contraire le Cocu Imaginaire qu'on avoit intitulé & affiché *Sganarelle*, n'est connu que sous le nom du Cocu Imaginaire, peut-être parce que ce dernier titre est plus plaisant que celui du Mari Confondu. George Dandin réussit pleinement. Mais si on ne reprocha rien à la conduite & au stile, on se souleva un peu contre le sujet même de la Pièce; on se révolta contre une Comédie, dans laquelle une femme mariée donne un rendez-vous à son Amant.

L'IMPOSTEUR OU LE TARTUFFE,

Joué sans interruption en public le 5 Février 1669.

ON fait toutes les traverses que cet admirable Ouvrage essuia. On en voit le détail dans la Préface de l'Auteur au-devant du Tartuffe.

Les trois prémiers Actes avoient été représentés à Versailles devant le Roi le 12 Mai 1664. Ce n'étoit pas la prémière fois que Louis XIV, qui sentoit le prix des Ouvrages de Molière, avoit voulu les voir avant qu'ils fussent achevés : il fut fort content de ce commencement, & par conséquent la Cour le fut aussi.

Il fut joué le 29 Novembre de la même année à Rainsy, devant le Grand Condé. Dès-lors les rivaux se réveillérent; les dévots commencérent à faire du bruit; les faux zélés, (l'espèce d'homme la plus dangereuse) criérent

rent contre Molière, & féduifirent même quelques gens de bien. Molière voyant tant d'ennemis qui alloient attaquer fa perfonne encore plus que fa Pièce, voulut laiffer ces prémières fureurs fe calmer : il fut un an fans donner le Tartuffe ; il le lifoit feulement dans quelques maifons choifies, où la fuperftition ne dominoit pas.

Molière aiant oppofé la protection & le zèle de fes amis aux cabales naiffantes de fes ennemis, obtint du Roi une permiffion verbale de jouer le Tartuffe. La prémière Repréfentation en fut donc faite à Paris le 5 Août 1667 : le lendemain on alloit la rejouer ; l'Affemblée étoit la plus nombreufe qu'on eût jamais vue ; il y avoit des Dames de la prémière diftinction aux troifièmes loges ; les Acteurs alloient commencer : lorfqu'il arriva un ordre du Prémier Préfident du Parlement, portant défenfe de jouer la Pièce.

C'eft à cette occafion, qu'on prétend que Molière dit à l'Affemblée : *Meffieurs, nous allions vous donner le Tartuffe, mais Monfieur le Prémier Préfident ne veut pas qu'on le joue.*

Pendant qu'on fupprimoit cet Ouvrage, qui étoit l'éloge de la Vertu & la fatire de la feule Hypocrifie, on permit qu'on jouât fur le Théâtre Italien *Scaramouche Hermite*, Pièce très froide ſi elle n'eût été licentieuſe, dans laquelle un Hermite vêtu en Moine monte la nuit par une échelle à la fenêtre d'une femme mariée, & y reparoît de tems en tems, en diſant, *queſto è per mortificar la carne.* On ſait ſur cela le mot du Grand Condé. Au bout de quelque tems, Molière fut délivré de la perſécution; il obtint un ordre du Roi par écrit, de repréſenter le Tartuffe. Les Comédiens, ſes camarades, voulurent que Molière eût toute ſa vie deux parts dans le gain de la Troupe, toutes les fois qu'on joueroit cette Pièce; elle fut repréſentée trois mois de ſuite, & durera autant qu'il y aura en France du Goût & des Hypocrites.

Aujourd'hui bien des gens regardent comme une Leçon de morale cette même Pièce, qu'on trouvoit autrefois ſi ſcandaleuſe. On peut hardiment avancer, que les diſcours de Cléante, dans leſquels la Vertu vraie & éclairée eſt oppoſée à la Dévotion imbécille d'Orgon, ſont, à quelques expreſſions près, le plus fort & le plus élégant Sermon que nous ayons en notre Langue; & c'eſt peut-être ce qui révolta davantage ceux qui parloient moins bien dans la Chaire, que Molière au Théâtre.

Voyez

Voyez ſur-tout cet endroit :

Allez, tous vos diſcours ne me font point de peur,
Je ſai comme je parle, & le ciel voit mon cœur :
Il eſt de faux dévots, ainſi que de faux braves, &c.

Preſque tous les caractères de cette Pièce ſont originaux ; il n'y en a aucun qui ne ſoit bon, & celui du Tartuffe eſt parfait. On admire la conduite de la Pièce juſqu'au dénouement ; on ſent combien il eſt forcé, & combien les louanges du Roi, quoique mal amenées, étoient néceſſaires pour ſoutenir Molière contre ſes ennemis.

Dans les prémières Repréſentations, l'Impoſteur ſe nommoit Panulphe, & ce n'étoit qu'à la dernière Scène qu'on apprenoit ſon véritable nom de Tartuffe, ſous lequel ſes impoſtures étoient ſuppoſées être connues du Roi. A cela près, la Pièce étoit comme elle eſt aujourd'hui. Le changement le plus marqué qu'on y ait fait, eſt à ce vers :

O Ciel, pardonne-moi la douleur qu'il me donne.

Il y avoit :

O Ciel, pardonne-moi comme je lui pardonne.

Qui croiroit que le ſuccès de cette admirable Pièce eût été balancé par celui d'une Comédie qu'on appelle *la Femme Juge & Partie*, qui fut jouée à l'Hôtel de Bourgogne auſſi longtems que le Tartuffe au Palais Royal ? Montfleury, Comédien de l'Hôtel de Bourgogne, Auteur de la Femme Juge & Partie, ſe croyoit égal à Molière ; & la Préface qu'on a miſe au-devant du Recueil de ce Montfleury avertit que *Monſieur de Montfleury* étoit un Grand Homme. Le ſuccès de la Femme Juge & Partie, & de tant d'autres Pièces médiocres, dépend uniquement d'une ſituation que le jeu d'un Acteur fait valoir. On ſait qu'au Théâtre il faut peu de choſe pour faire réuſſir ce que l'on mépriſe à la lecture. On repréſenta ſur le Théâtre de l'Hôtel de Bourgogne, à la ſuite de la Femme Juge & Partie, la Critique du Tartuffe. Voici ce qu'on trouve dans le Prologue de cette Critique :

Molière plait aſſez, c'eſt un bouffon plaiſant,
Qui divertit le monde en le contrefaiſant ;

Ses

Ses grimaces ſouvent cauſent quelques ſurpriſes ;
Toutes ſes Pièces ſont d'agréables ſottiſes :
Il eſt mauvais Poëte, & bon Comédien ;
Il fait rire, & de vrai c'eſt tout ce qu'il fait bien.

On imprima contre lui vingt Libelles ; un Curé de Paris s'avilit juſqu'à compoſer une de ces Brochures, dans laquelle il débutoit par dire qu'il falloit brûler Molière. Voilà comme ce Grand Homme fut traité de ſon vivant ; mais l'approbation du Public éclairé lui donnoit une gloire qui le vengeoit aſſez.

MON-

MONSIEUR DE POURCEAUGNAC,

Comédie-Ballet en prose & en trois Actes, faite & jouée à Chambord pour le Roi au mois de Septembre 1669, & représentée sur le Théâtre du Palais Royal le 15 Novembre de la même année.

CE fut à la Représentation de cette Comédie, que la Troupe de Molière prit pour la prémière fois le titre de la Troupe du Roi. Pourceaugnac est une Farce, mais il y a dans toutes les Farces de Molière des Scènes dignes de la haute Comédie. Un homme supérieur, quand il badine, ne peut s'empêcher de badiner avec esprit. Lully, qui n'avoit point encore le Privilège de l'Opéra, fit la Musique du Ballet de Pourceaugnac; il y dansa, il y chanta, il y joua du violon. Tous les grands talens étoient employés au divertissement du Roi, & tout ce qui avoit rapport aux Beaux-Arts étoit honorable.

On

On n'écrivit point contre Pourceaugnac : on ne cherche à rabaiſſer les Grands Hommes, que quand ils veulent s'élever. Loin d'examiner ſévèrement cette Farce, les gens de bon goût reprochérent à l'Auteur d'avilir trop ſouvent ſon génie à des Ouvrages frivoles qui ne méritoient pas d'examen ; mais Molière leur répondoit, qu'il étoit Comédien auſſi-bien qu'Auteur, qu'il falloit réjouïr la Cour & attirer le Peuple, & qu'il étoit réduit à conſulter l'intérêt de ſes Acteurs auſſi-bien que ſa propre gloire.

LE BOURGEOIS GENTILHOMME,

Comédie-Ballet en proſe & en cinq Actes, faite & jouée à Chambord au mois d'Octobre 1670, & repréſentée à Paris le 23 Novembre de la même année.

LE Bourgeois Gentilhomme eſt un des plus heureux ſujets de Comédie, que le ridicule des hommes ait jamais pu fournir. La vanité, attribut de l'Eſpèce humaine, fait que des Princes prennent le titre de Rois, que les grands Seigneurs veulent être Princes, &, comme dit la Fontaine:

Tout Prince a des Ambaſſadeurs,
Tout Marquis veut avoir des Pages.

Cette foibleſſe eſt préciſément la même que celle d'un Bourgeois qui veut être homme de qualité. Mais la folie du Bourgeois eſt la ſeule qui ſoit comique, & qui puiſſe faire rire au Théâtre: ce ſont les extrêmes diſproportions des manières & du langage d'un d'un homme, avec les airs & les diſcours qu'il veut affecter, qui font un ridicule plaiſant : cette eſpèce de ridicule ne ſe trouve point dans des Princes ou dans des hommes élevés à la Cour, qui couvrent toutes leurs ſottiſes du même air & du même langage ; mais ce ridicule ſe montre tout entier dans un Bourgeois élevé groſſièrement, & dont le naturel fait à tout moment un contraſte avec l'art dont il veut ſe parer. C'eſt ce naturel groſſier qui fait le plaiſant de la Comédie ; & voilà pourquoi ce n'eſt jamais que dans la vie commune qu'on prend les perſonnages comiques. Le Miſantrope eſt admirable, le Bourgeois Gentilhomme eſt plaiſant.

Les quatre prémiers Actes de cette Pièce peuvent paſſer pour une Comédie ; le cinquième eſt une Farce qui eſt réjouïſſante, mais trop peu vraiſemblable. Molière auroit pu donner moins de priſe à la critique, en ſuppoſant quelque autre homme que le fils du Grand-Turc. Mais il cherchoit par ce divertiſſement plutôt à réjouïr, qu'à faire un Ouvrage régulier.

Lully fit auſſi la Muſique du Ballet, & il y joua comme dans Pourceaugnac.

LES FOURBERIES DE SCAPIN,

Comédie en prose & en trois Actes, représentée sur le Théâtre du Palais Royal le 24 Mai 1671.

LEs Fourberies de Scapin sont une de ces Farces, que Molière avoit préparées en Province. Il n'avoit pas fait scrupule d'y insérer deux Scènes entières du *Pédant joué*, mauvaise Pièce de Cirano de Bergérac. On prétend que quand on lui reprochoit ce plagiarisme, il répondoit: *Ces deux Scènes sont assez bonnes; cela m'appartenoit de droit: il est permis de reprendre son bien par-tout où on le trouve.*

Si Molière avoit donné la Farce des Fourberies de Scapin pour une vraie Comédie, Despréaux auroit eu raison de dire dans son Art Poëtique:

C'est par-là que Molière illustrant ses Ecrits,
Peut-être de son Art eût remporté le prix,

Si

Si moins ami du peuple en ſes doctes peintures,
Il n'eût point fait ſouvent grimacer ſes figures;
Quitté pour le bouffon l'agréable & le fin,
Et ſans honte à Térence allié Tabarin.
Dans ce ſac ridicule où Scapin s'envelope,
Je ne reconnois plus l'Auteur du Miſantrope.

On pourroit répondre à ce grand Critique, que Molière n'a point allié Térence avec Tabarin dans ſes vraies Comédies, où il ſurpaſſe Térence: que s'il a déféré au goût du Peuple, c'eſt dans ſes Farces, dont le ſeul titre annonce du bas comique; & que ce bas comique étoit néceſſaire pour ſoutenir ſa Troupe.

Molière ne penſoit pas que les Fourberies de Scapin & le Mariage forcé valuſſent l'Avare, le Tartuffe & le Miſantrope, ou fuſſent même du même genre. De plus, comment Deſpréaux peut-il dire, que *Molière peut-être de ſon Art eût emporté le prix?* Qui aura donc ce prix, ſi Molière ne l'a pas?

PSICHÉ,

Tragédie-Ballet en vers libres & en cinq Actes, représentée devant le Roi, dans la Salle des Machines du Palais des Thuillèries, en Janvier & durant le Carnaval de l'année 1670, & donnée au Public ſur le Théâtre du Palais Royal en 1671.

LE Spectacle de l'Opéra, connu en France ſous le Miniſtère du Cardinal Mazarin, étoit tombé par ſa mort. Il commençoit à ſe relever. Perrin Introducteur des Ambaſſadeurs chez M. Cambert Intendant de la Muſique de la Reine-Mère, & le Marquis de Sourdiac homme de goût, qui avoit du génie pour les Machines, avoient obtenu en 1669 le Privilège de l'Opéra; mais ils ne donnérent rien au Public qu'en 1671. On ne croyoit pas alors que les François puſſent jamais ſoutenir trois heures de Muſique, & qu'une Tragédie toute chantée pût réuſſir. On penſoit que le comble de la perfection eſt une Tragédie déclamée, avec des chants & des danſes dans les Intermèdes. On ne ſon-

ſongeoit pas que ſi une Tragédie eſt belle & intéreſſante, les Entre-Actes de Muſique doivent en devenir froids; & que ſi les Intermèdes ſont brillans, l'oreille a peine à revenir tout d'un coup du charme de la Muſique à la ſimple déclamation. Un Ballet peut délaſſer dans les Entre-Actes d'une Pièce ennuyeuſe; mais une bonne Pièce n'en a pas beſoin, & l'on joue *Athalie* ſans les Chœurs & ſans la Muſique. Ce ne fut que quelques années après, que Lully & Quinault nous apprirent qu'on pouvoit chanter toute une Tragédie, comme on faiſoit en Italie, & qu'on la pouvoit même rendre intéreſſante : perfection que l'Italie ne connoiſſoit pas.

Depuis la mort du Cardinal Mazarin, on n'avoit donc donné que des Pièces à Machines avec des Divertiſſemens en Muſique, telles qu'Andromède & la Toiſon d'or. On voulut donner au Roi & à la Cour pour l'Hiver de 1670, un Divertiſſement dans ce goût, & y ajouter des danſes. Molière fut chargé du ſujet de la Fable le plus ingénieux & le plus galant, & qui étoit alors en vogue par le Roman aimable, quoique beaucoup trop allongé, que La Fontaine venoit de donner en 1669.

Il ne put faire que le prémier Acte, la prémière Scène du second, & la prémière du troisième; le tems pressoit, Pierre Corneille se chargea du reste de la Pièce; il voulut bien s'assujettir au plan d'un autre, & ce génie mâle, que l'âge rendoit sec & sévère, s'amollit pour plaire à Louis XIV. L'Auteur de Cinna fit à l'âge de 67 ans cette déclaration de Psiché à l'Amour, qui passe encore pour un des morceaux les plus tendres & les plus naturels qui soient au Théâtre.

Toutes les paroles qui se chantent sont de Quinault; Lully composa les Airs. Il ne manquoit à cette société de Grands Hommes que le seul Racine, afin que tout ce qu'il y eut jamais de plus excellent au Théâtre se fût réuni pour servir un Roi, qui méritoit d'être servi par de tels hommes.

Psiché n'est pas une excellente Pièce, & les derniers Actes en sont très languissans; mais la beauté du sujet, les ornemens dont elle fut embellie, & la dépense royale qu'on fit pour ce Spectacle, firent pardonner ses défauts.

LES FEMMES SAVANTES,

Comédie en vers & en cinq Actes, représentée sur le Théâtre du Palais Royal le 11 Mars 1672.

CETTE Comédie, qui est mise par les connoisseurs dans le rang du Tartuffe & du Misantrope, attaquoit un ridicule qui ne sembloit propre à réjouïr ni le Peuple, ni la Cour, à qui ce ridicule paroissoit être également étranger. Elle fut reçue d'abord assez froidement; mais les connoisseurs rendirent bien-tôt à Molière les suffrages de la Ville; & un mot du Roi, lui donna ceux de la Cour. L'intrigue, qui en effet a quelque chose de plus plaisant que celle du Misantrope, soutint la Pièce longtems.

Plus on la vit, & plus on admira comment Molière avoit pu jetter tant de comique sur un sujet qui paroissoit fournir plus de pédanterie que d'agrément. Tous ceux qui sont au fait de l'Histoire Littéraire de ce tems-

 là,

là, ſavent que Ménage y eſt joué ſous le nom de *Vadius*, & que *Triſſotin* eſt le fameux Abbé Cottin, ſi connu par les Satires de Deſpréaux. Ces deux hommes étoient pour leur malheur ennemis de Molière; ils avoient voulu perſuader au Duc de Montauſier, que le Miſantrope étoit fait contre lui; quelque tems après ils avoient eu chez Mademoiſelle, fille de Gaſton de France, la Scène que Molière a ſi bien rendue dans les Femmes Savantes. Le malheureux Cottin écrivoit également contre Ménage, contre Molière & contre Deſpréaux; les Satires de Deſpréaux l'avoient déja couvert de honte, mais Molière l'accabla. *Triſſotin* étoit appellé aux premières Repréſentations Tricottin. L'Acteur qui le repréſentoit avoit affecté, autant qu'il avoit pu, de reſſembler à l'Original par la voix & par le geſte. Enfin, pour comble de ridicule, les vers de Triſſotin, ſacrifiés ſur le Théâtre à la riſée publique, étoient de l'Abbé Cottin même. S'ils avoient été bons, & ſi leur Auteur avoit valu quelque choſe, la critique ſanglante de Molière & celle de Deſpréaux ne lui euſſent pas ôté ſa réputation; Molière lui-même avoit été joué auſſi cruellement ſur le Théâtre de l'Hôtel de Bourgogne,

gogne, & n'en fut pas moins eſtimé: le vrai mérite réſiſte à la Satire. Mais Cottin étoit bien loin de pouvoir ſe ſoutenir contre de telles attaques: on dit qu'il fut ſi accablé de ce dernier coup, qu'il tomba dans une mélancolie qui le conduiſit au tombeau. Les Satires de Deſpréaux coutérent auſſi la vie à l'Abbé Caſſaigne: triſte effet d'une liberté plus dangereuſe qu'utile, & qui flatte plus la malignité humaine, qu'elle n'inſpire le bon goût.

La meilleure Satire qu'on puiſſe faire des mauvais Poëtes, c'eſt de donner d'excellens Ouvrages; Molière & Deſpréaux n'avoient pas beſoin d'y ajouter des injures.

LES AMANS MAGNIFIQUES,

Comédie-Ballet en prose & en cinq Actes, représentée devant le Roi à Saint Germain, au mois de Février 1670.

LOUIS XIV lui-même donna le sujet de cette Pièce à Molière. Il voulut qu'on représentât deux Princes qui se disputeroient une Maitresse, en lui donnant des Fêtes magnifiques & galantes. Molière servit le Roi avec précipitation. Il mit dans cet Ouvrage deux personnages qu'il n'avoit point encore fait paroître sur son Théâtre, un Astrologue, & un Fou de Cour. Le monde n'étoit point alors desabusé de l'Astrologie judiciaire; on y croyoit d'autant plus, qu'on connoissoit moins la véritable Astronomie. Il est rapporté dans Vittorio Siri, qu'on n'avoit pas manqué, à la naissance de Louis XIV, de faire tenir un Astrologue dans un cabinet voisin de celui où la Reine accouchoit. C'est dans les Cours que cette superstition règne davan-

davantage, parce c'eſt là qu'on a plus d'inquiétude ſur l'avenir.

Les Fous y étoient auſſi à la mode; chaque Prince & chaque grand Seigneur même avoit ſon Fou; & les hommes n'ont quitté ce reſte de barbarie, qu'à meſure qu'ils ont plus connu les plaiſirs de la Société & ceux que donnent les Beaux-Arts. Le Fou qui eſt repréſenté dans Molière, n'eſt point un Fou ridicule, tel que le Moron de la Princeſſe d'Elide; mais un homme adroit, & qui aiant la liberté de tout dire, s'en ſert avec habileté & avec fineſſe. La Muſique eſt de Lully. Cette Pièce ne fut jouée qu'à la Cour, & ne pouvoit guères réuſſir que par le mérite du Divertiſſement & par celui de l'Apropos.

On ne doit pas omettre, que dans les Divertiſſemens des Amans magnifiques, il ſe trouve une traduction de l'Ode d'Horace:

Donec gratus eram tibi.

LA COMTESSE D'ESCARBAGNAS,

Petite Comédie en un Acte, & en prose, représentée devant le Roi à Saint Germain, en Février 1672, & à Paris sur le Théâtre du Palais Royal, le 8 Juillet de la même année.

C'EST une Farce, mais toute de caractères, qui est une peinture naïve, peut-être en quelques endroits trop simple, des ridicules de la Province; ridicules dont on s'est beaucoup corrigé à mesure que le goût de la Société, & la Politesse aisée qui règne en France, se sont répandus de proche en proche.

LE MALADE IMAGINAIRE,

En trois Actes avec des Intermèdes, fut représenté sur le Théâtre du Palais Royal le 10 *Février* 1673.

C'Est une de ces Farces de Molière dans laquelle on trouve beaucoup de Scènes dignes de la haute Comédie. La naïveté, peut-être poussée trop loin, en fait le principal caractère. Ses Farces ont le défaut d'être quelquefois un peu trop basses, & ses Comédies de n'être pas toujours assez intéressantes. Mais avec tous ces défauts-là, il sera toujours le prémier de tous les Poëtes comiques. Depuis lui, le Théâtre François s'est soutenu, & même a été asservi à des loix de décence plus rigoureuses que du tems de Molière. On n'oseroit aujourd'hui hazarder la Scène où le Tartuffe presse la femme de son Hôte; on n'oseroit se servir des termes de *Fils de Putain*, de *Carogne*, & même de *Cocu;* la plus exacte bienséance règne dans les Pièces modernes.

dernes.. Il est étrange que tant de régularité n'ait pu laver encore cette tache, qu'un préjugé très injuste attache à la profession de Comédien. Ils étoient honorés dans Athènes, où ils représentoient de moins bons Ouvrages. Il y a de la cruauté à vouloir avilir des hommes nécessaires à un Etat bien policé, qui exercent, sous les yeux des Magistrats, un talent très difficile & très estimable. Mais c'est le sort de tous les gens à talens, qui sont sans pouvoir, de travailler pour un Public ingrat.

FIN.

www.ingramcontent.com/pod-product-compliance
Lightning Source LLC
LaVergne TN
LVHW012351220826
846092LV00002B/515

9782329730516